I0802916

¿Qué hace un dentista?

Julie Murray

Abdo Kids Junior es una
subdivisión de Abdo Kids
abdobooks.com

Abdo
DIENTES SONRIENTES
Kids

abdobooks.com

Published by Abdo Kids, a division of ABDO, P.O. Box 398166, Minneapolis, Minnesota 55439.
Copyright © 2025 by Abdo Consulting Group, Inc. International copyrights reserved in all countries. No part of this book may be reproduced in any form without written permission from the publisher.
Abdo Kids Junior™ is a trademark and logo of Abdo Kids.

Printed in China

102024

012025

THIS BOOK CONTAINS RECYCLED MATERIALS

Spanish Translator: Maria Puchol

Photo Credits: Getty Images, Shutterstock

Production Contributors: Teddy Borth, Jennie Forsberg, Grace Hansen

Design Contributors: Candice Keimig, Pakou Moua

Library of Congress Control Number: 2024939028

Publisher's Cataloging-in-Publication Data

Names: Murray, Julie, author.

Title: ¿Qué hace un dentista?/ by Julie Murray.

Other title: What does a dentist do?. Spanish

Description: Minneapolis, Minnesota: Abdo Kids, 2025. | Series: Dientes sonrientes | Includes online resources and index

Identifiers: ISBN 9798384904205 (lib.bdg.) | ISBN 9798384904762 (ebook)

Subjects: LCSH: Dentists--Juvenile literature. | Teeth--Care and hygiene--Juvenile literature. | Dental health education--Juvenile literature. | Spanish language materials--Juvenile literature.

Classification: DDC 617.6--dc23

Contenido

¿Qué hace un dentista?

El trabajo del dentista es importante. Ayuda a mantener los dientes sanos.

Los dentistas miran dentro de la boca. Usan un espejo pequeño.

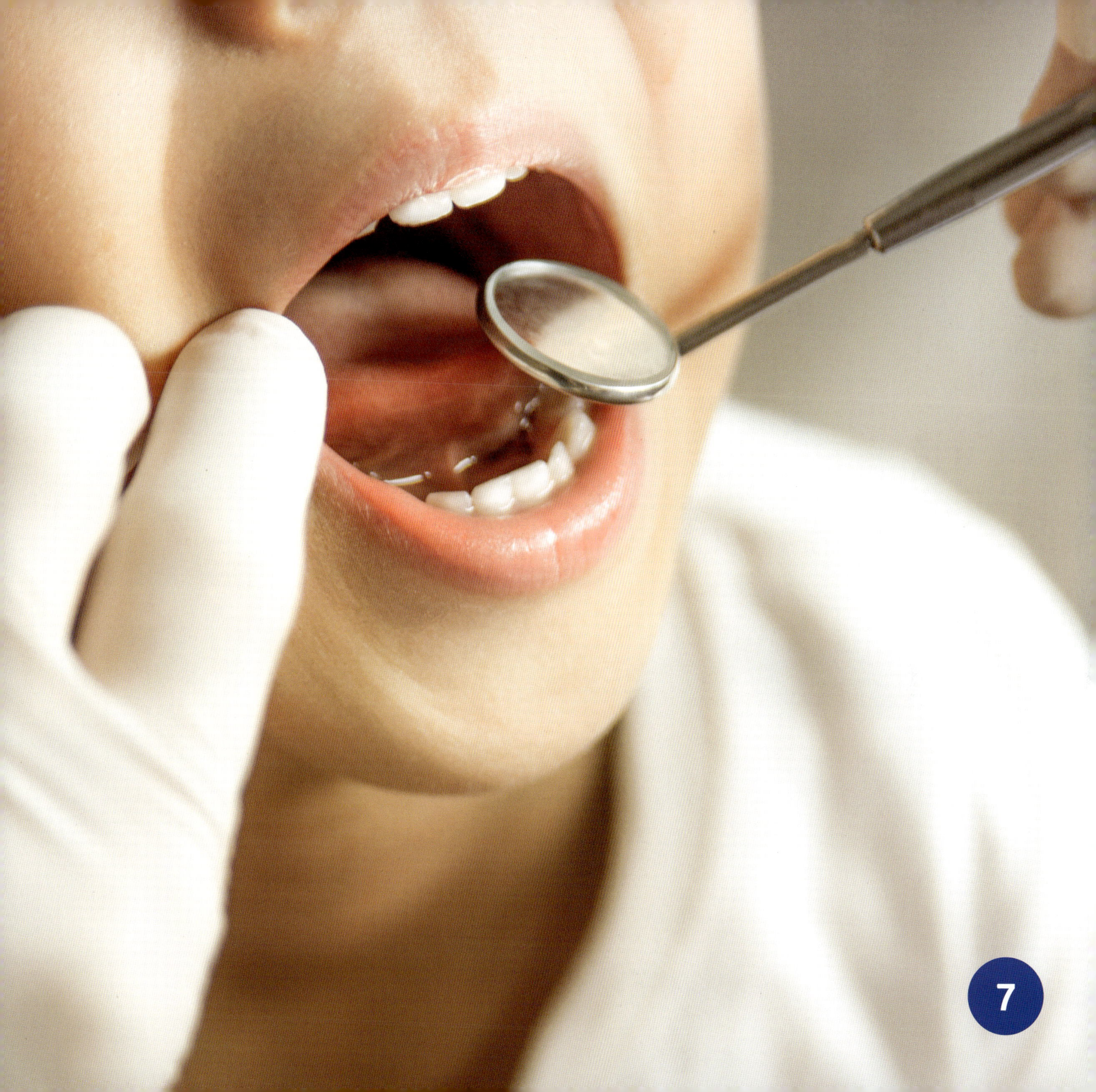

Revisan todos los dientes y

también las encías.

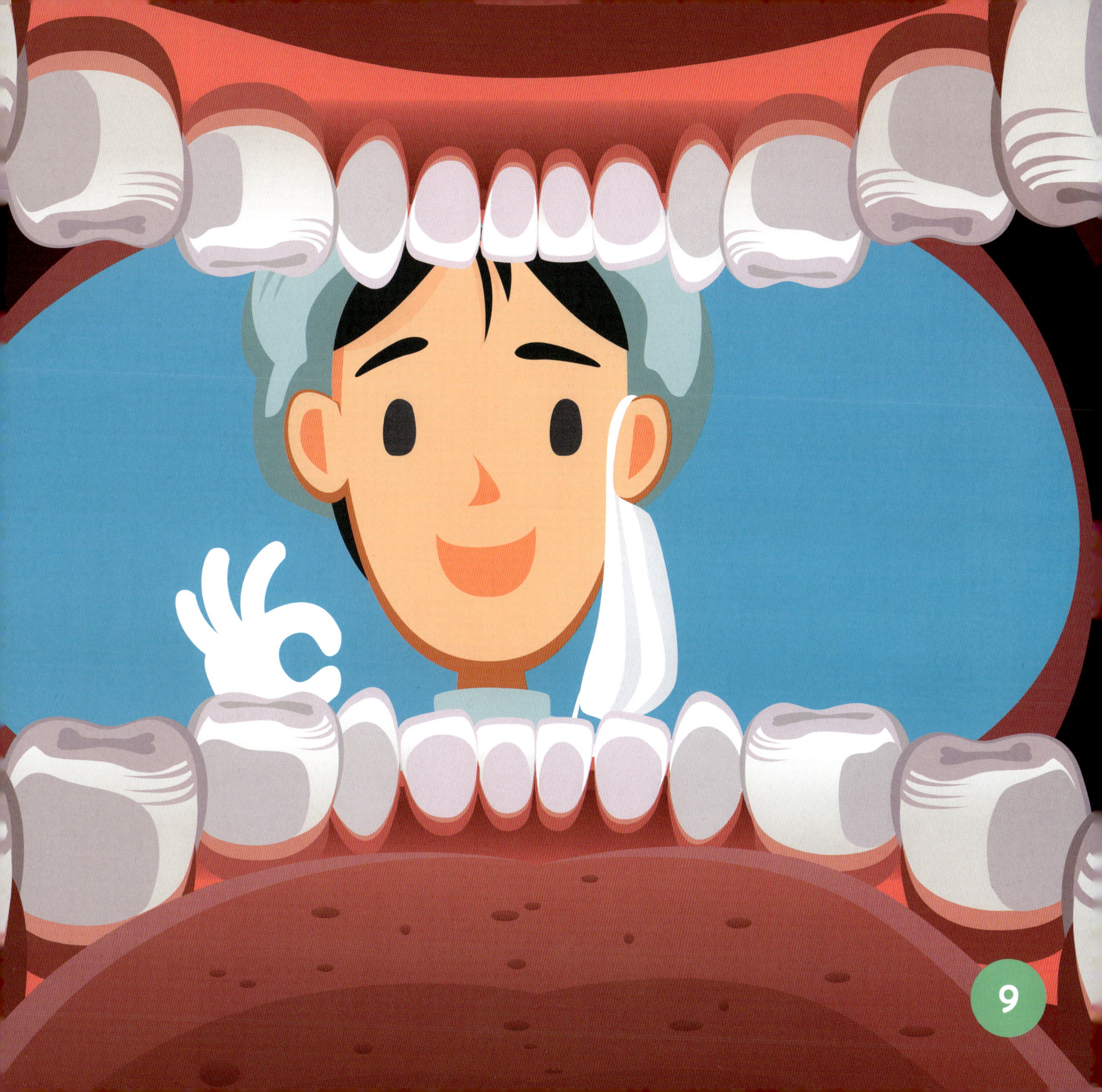

Toman radiografías con **rayos X**. Tim ve todos sus dientes.

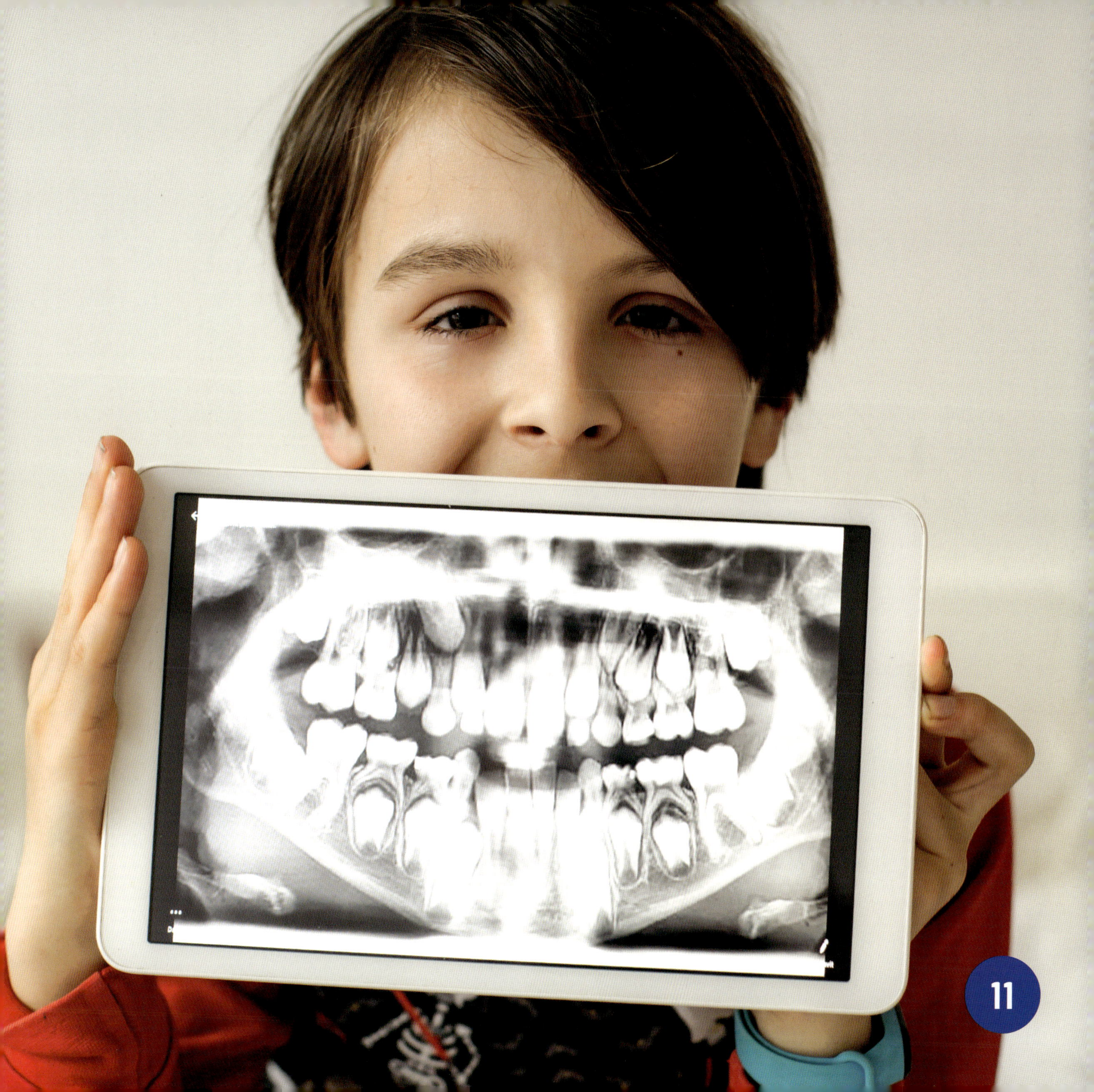

Los dentistas curan las **caries**. Usan instrumentos especiales.

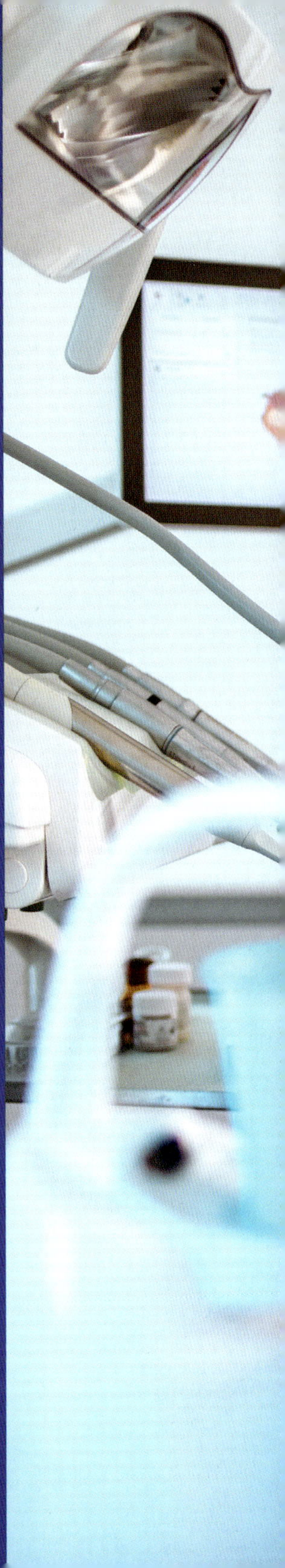

Enseñan a utilizar el cepillo y el hilo dental. Luke lo intenta.

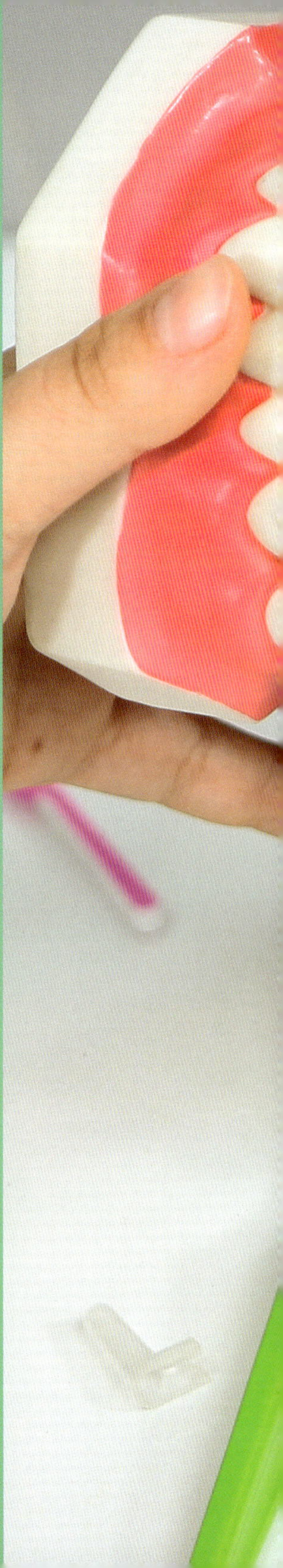

Hablan de qué alimentos son sanos. Gus escucha atento.

MILK

El dentista tiene un ayudante,
éste es quien hace la limpieza.

¿Has ido al dentista alguna vez?

El trabajo de un dentista

Enseñar a cuidar los dientes

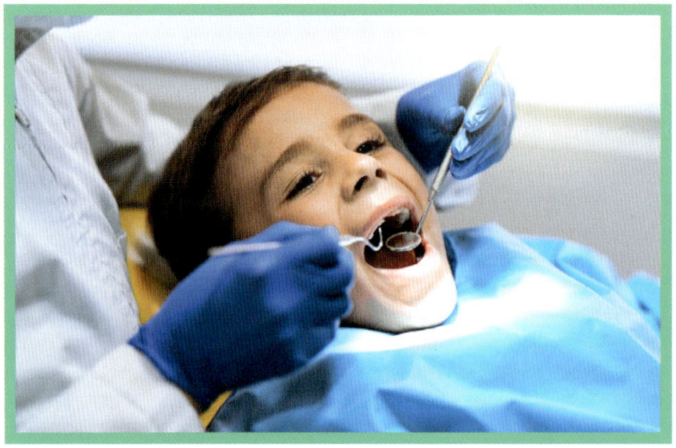

Revisar dientes y encías

Tomar radiografías con rayos X

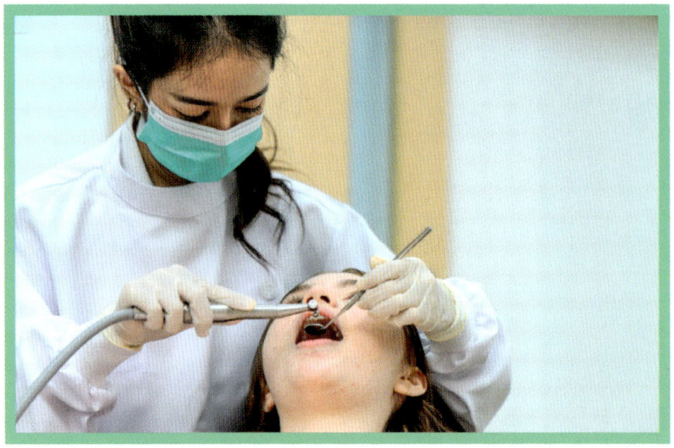

Tratar las caries

Glosario

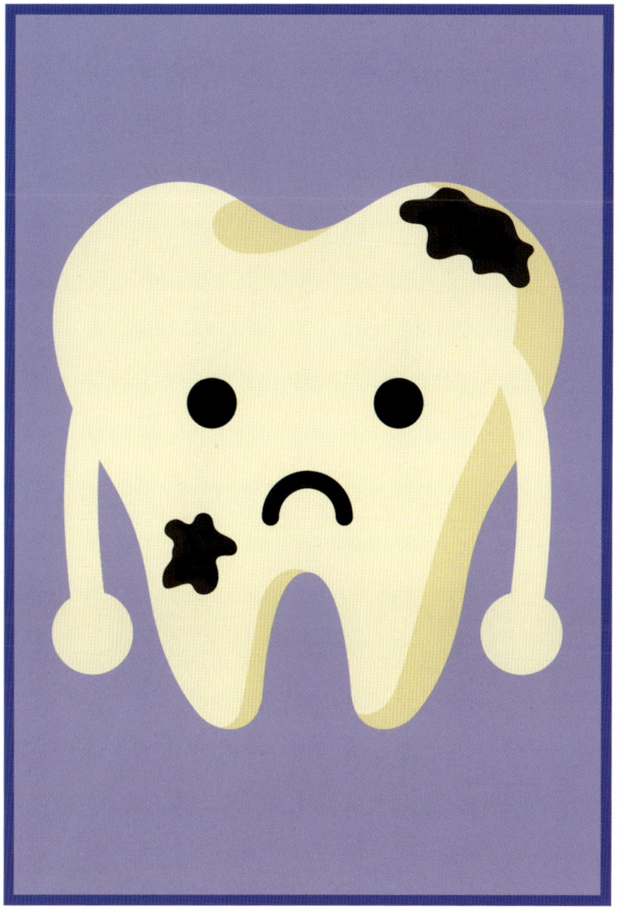

caries
apertura o agujero en un diente.

rayos X
fotografía del interior del cuerpo tomada con una máquina especial.

Índice

Abdo Kids
ONLINE
FREE! ONLINE MULTIMEDIA RESOURCES

¡Visita nuestra página **abdokids.com** y usa este código para tener acceso a juegos, manualidades, videos y mucho más!

Los recursos de internet están en inglés.

Usa este código Abdo Kids
TWK8398
¡o escanea este código QR!